ESSAI

SUR

LA PROPRETÉ

DE PARIS;

PAR UN CITOYEN FRANÇAIS.

(Par Pierre Chauvet)

> La propreté est, à l'égard du corps,
> ce qu'est la décence dans les mœurs :
> elle sert à témoigner le respect qu'on
> a pour la société et pour soi-même ;
> car l'homme doit se respecter.
>
> (BACON.)

A PARIS,

Chez
- l'AUTEUR, Boulevart Montmartre, N°. 31 ;
- LABROUSSE, quai de Conti ;
- JACQUOT, quai des Augustins ;
- DABIN, au coin de la rue du Dauphin et du passage des Tuileries ;
- LABARRE, Boulevart Cérutti, N°. 21, vis-à-vis la rue de Choiseul.

Et chez les Marchands de Nouveautés.

Ventôse an 5 de la Rép. Franç.
Mars 1797 (v. st.)

ESSAI

SUR

LA PROPRETÉ DE PARIS.

CHAPITRE PREMIER.

JE suis indigné de la malpropreté de Paris : je me trouve humilié de ne pouvoir marcher dans la métropole, où siége notre Sénat, sans trouver des cloaques, des amas d'immondices, des tas de décombres, des bouteilles et des verres cassés, qui semblent jettés dans certains endroits, comme des chausses-trapes, pour blesser les hommes et les chevaux (1); de voir épars des membres

(1) Dans plusieurs papiers publics, on a invité les particuliers à ne pas jetter des verres cassés dans les rues : je ne vois pas pour cela que personne s'en soit corrigé; une ordonnance de police, qu'on feroit exécuter avec justice et fermeté, feroit plus d'effet que toutes les invitations des journaux, dont la plupart ne sont guères connus des gens de cuisine.

de bêtes mortes (1) ; de rencontrer des chiens errans qui me font craindre la rage (2) ; des chèvres, des cochons jusques dans les promenades publiques (3) ; d'être obligé de marcher

---

(1) Ne devroit-on pas forcer les écorcheurs de chevaux d'enterrer les restes des cadâvres des animaux, ainsi qu'on fait dans d'autres villes, sans les laisser si mal-à-propos infecter plusieurs rues de nos fauxbourgs ?

(2) Lorsque les chiens errans, devenus enragés, ont mordu quelqu'un, on voit tout de suite sortir une ordonnance de police à leur sujet : ne peut-on pas dire que c'est la moutarde après dîner ?

(3) Si on rassembloit toutes les chèvres qu'il y a dans Paris, on verroit le plus grand troupeau de l'Europe ; et si la police n'y met ordre, non-seulement nous verrons une de ces bêtes attachée à chaque porte, mais les maisons seront pleines de moutons, de lapins, de poules et autres animaux, destinés par la nature, à vivre dans la campagne, et dont la mauvaise odeur, concentrée dans une enceinte extrêmement peuplée, ne contribue pas peu à infecter l'air.

Indépendamment de la propreté, on devroit penser aux dangers qui peuvent résulter de l'abus de nourrir des cochons dans une grande ville ; chacun devroit savoir que ces animaux sont très-voraces, et qu'ils n'ont que trop souvent mordu des personnes, emporté la main à des enfans ; il y en eut un qui mordit, il y a peu d'années, le nez d'une femme qui dormoit sur le boulevart.

Dans l'hiver de 1780, un homme, conduisant des cochons sur une grande route, tomba malheureusement dans un trou, que la neige couvroit : ces animaux tombèrent sur lui et le dévorèrent.

sur un pavé inégal, couvert d'une boue grasse, qui me fait glisser si je veux aller vite, et tomber si je m'appuye dessus trop long-temps ; de voir des femmes, qui sont un modèle de goût pour toute l'Europe (1), obligées de trotter dans la boue, et souvent forcées, pour traverser une rue, de passer sur une planche mal assurée, qui leur donne une juste crainte de tomber dans un fossé bourbeux (2) ; des voitures destinées à

---

(1) On envoye, tous les huit jours, dans les pays étrangers, des gravures et des poupées, qui représentent nos élégans et nos élégantes, ainsi que nos meubles ; ce qui nous procure un commerce actif très-considérable.

(2) C'est ce qui a fait dire à Boileau :

> Un ais, sur deux pavés, forme un étroit passage ;
> Le plus hardi laquais n'y marche qu'en tremblant :
> Il faut pourtant passer sur ce pont chancelant.

Dans le temps que je faisois cet Essai sur la propreté, un poète faisoit les vers ci-après, qu'on a vus dans le journal de Paris ; on se rappellera de l'époque.

> Un fiacre avare et discourtois,
> Demandant, par course, une somme,
> Dont, autrefois, un honnête homme
> Auroit pu vivre plusieurs mois,
> Les nymphes, de toutes les classes,
> Vont à pied, haussant le jupon,
> Et vous font trotter, sans façon,
> Les Amours qui suivent leurs traces.
> . . . .
> . . . .
> A voir ma jeune et svelte amante,
> Montrer une jambe élégante ;
> Et d'un pied lestement levé,
> Effleurer du sale pavé
> La surface humide et glissante.

nétoyer la ville, former elles-mêmes une mal-
propreté désagréable à l'odorat autant qu'à la vue;
enfin, de voir des hommes et des femmes, contre
la décence (1) et les bonnes mœurs, satisfaire
publiquement à leurs besoins (2). Il faudroit un
volume entier, si on vouloit décrire tous les
désagrémens qu'occasionne la mauvaise police
sur ces objets. Si tous les habitans de cette grande
ville étoient persuadés comme moi, qu'en général
la propreté est une économie, et qu'il est très-
possible de rendre, en peu d'années, notre Paris
plus propre qu'aucune ville de l'Europe, personne ne craindroit de faire le sacrifice d'une
particule de sa fortune. En attendant que j'y
participe pour ma part, je vais donner mes mo-
mens et mes idées : si quelqu'un en a de meil-
leures, qu'il veuille les communiquer; je me
déclarerai vaincu avec plaisir; mais qu'on ne

***

(1) On voit tous les jours combien une femme sans pudeur
est peu gênée de ne pas trouver des lieux d'aisance dans son
chemin; mais il est difficile d'imaginer dans quel embarras
leur défaut peut jetter quelquefois une femme pudique.

(2) Il faut que, chez nous les mœurs ayent bien changé :
autrefois un français étoit déshonoré pour avoir publiquement
montré son derrière. Dans plusieurs provinces, un homme
qui ne pouvoit payer ses dettes, étoit forcé, pour se débarrasser de ses créanciers, de mettre culotte bas en plein palais;
ce qui s'appelloit faire *misérable seolton*; il étoit diffamé et
son témoignage n'étoit pas reçu en justice.

me soutienne pas qu'il est impossible de rendre
Paris propre, parce que je répondrai à ceux qui
me le diront, qu'ils sont des sales et des ignorans.

CHAPITRE II.

LES mauvaises qualités se donnent la main,
ainsi que les bonnes. La malpropreté a toujours
été compagne de l'ignorance : en effet, les
peuples les plus ignorans ont été les plus sales.
Qu'on parcoure la terre et l'histoire ; on verra
que cette vérité est constante. Dans les Indes,
on trouve des Sauvages qui satisfont à leurs
besoins, sans pudeur et sans contrainte.

En Espagne, on voit un peuple qui emploie
la moitié de son temps et de sa fortune à des
prières, à des cérémonies inutiles, et se laisse
dévorer par la vermine.

Ce n'est que de nos jours que d'Aranda a
délivré Madrid d'une malpropreté qu'on a peine
à croire. Depuis un temps immémorial, on y
étoit dans l'usage de jetter dans les rues toutes
les matières fécales (1). Le peuple juif, qui,

____

(1) A Madrid, c'étoit pire qu'à Marseille : on laissoit
séjourner dans les rues la matière fécale, dont la majeure
partie, étant battue par une quantité prodigieuse de voitures,

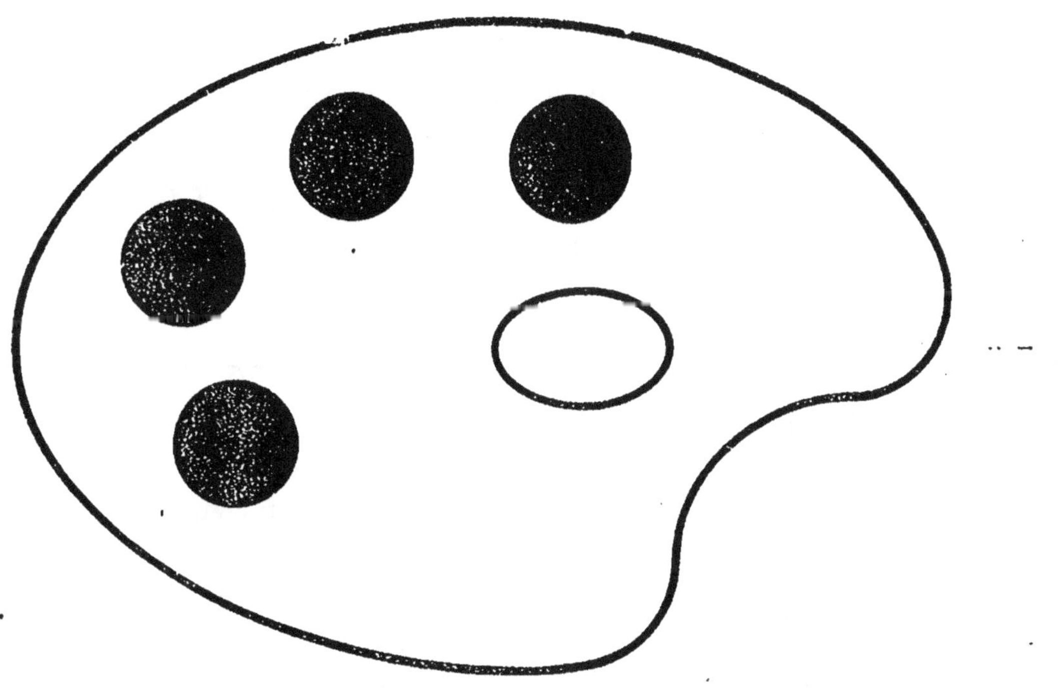

Original en couleur

NF Z 43-120-8

sans contredit, a été un des plus ignorans de la terre, a été et est encore aujourd'hui un des plus sales. Par-tout où ces hébreux sont rassemblés et où la police de leur enceinte leur est abandonnée, la puanteur s'y fait singulièrement sentir; et si nous lisons leur histoire, nous verrons qu'il fallut un commandement exprès de Dieu pour leur enseigner à faire leur *grand-tour* un peu plus proprement que ne font encore les Sauvages des Indes (1). Mais venons à Paris :

---

exhaloit une puanteur qu'on sentoit souvent de quatre lieues. Ce qui ne doit pas surprendre, c'est que plusieurs personnes ne furent pas du sentiment d'Aranda ; les médecins, sur-tout, soutinrent que cette odeur étoit favorable à la santé. Mais ce qu'il y eut de singulier, c'est que le gouvernement Espagnol, pour savoir la vérité du fait, consulta sérieusement les universités de l'Europe, d'où il croyoit tirer le plus de lumières. Il y a des ignorans dans Paris aussi partisans des odeurs fétides, que les médecins de Madrid de la matière fécale ; ils croyent que, sans leur efficacité, nous aurions bientôt la peste. Cook pensoit bien différemment : *voyez*, dans ses écrits, comme il s'élève contre la malpropreté, à propos de laquelle il cite celle de Madrid.

(1) *Voyez* la Bible, au Deutéronome, chap. 30, versets 12, 13 et 14. *Habebis locum extra castra, ad quem egrediaris ad requisita naturæ gerens paxillum in balteo, cumque sederis fodies per circuitum, et egesta humo operies, quo relevatus es.* Ce qui veut dire : « Vous aurez un lieu hors du camp, où vous irez pour vos besoins naturels, et portant un bâton pointu à votre ceinture : lorsque

cette grande ville ne sembloit faite que pour les riches, pour les hommes puissans.

En effet, ce qui est insupportable pour le public étoit un objet de luxe pour la plupart d'entre eux, un aliment à leur vanité; car quel ton de grandeur n'étoit-ce pas de faire, par la vîtesse de sa voiture, élever une poussière dont chacun étoit étouffé ; d'inonder les passans d'un déluge de boue ! combien leur amour-propre étoit flatté de pouvoir estropier, écraser quelqu'un, sans craindre une juste plainte! Ces temps ne sont plus; aujourd'hui tout est peuple, et tout véritable français doit employer ses moyens, ses lumières, à rendre ce peuple le premier de l'Europe ; car si les fripons, et les sots dont ils s'étayent, prenoient le dessus, il arriveroit tout le contraire, et c'est alors que nous serions sales aux yeux des autres nations, comme les rues de Paris le paroissent aux miens.

---

vous voudrez vous soulager, vous ferez un trou en rond, que vous recouvrirez de la terre sortie du trou, après vous être soulagé ».

Une des causes de la lèpre étoit la malpropreté; les juifs y étoient fort sujets : on sait qu'ils portèrent cette maladie chez plusieurs nations; et encore aujourd'hui les juives qui font, comme à Metz, le métier de courtisannes, donnent non-seulement la maladie qui leur est commune avec tant de chrétiennes, mais encore elles font présent de la galle, dont la paresse et la malpropreté semblent leur faire un appanage particulier.

Mais comment rendre Paris propre ? rien n'est plus facile, c'est d'adopter le système que des villes dont la propreté fait aimer le séjour, ont suivi ; les mêmes causes produiront les mêmes effets ; et comme, en imitant, on doit tâcher de perfectionner, il faut rendre notre métropole encore plus propre que ses modèles.

Pour avoir l'idée de la propreté d'une ville, il faut s'instruire de la police qui est en usage dans la Chine, ou lire la description d'Ormus, par l'Abbé Raynal. Mais sans aller si loin, prenons pour exemple Florence, nommée à si juste titre Florence *la Belle*.

Cette ville a été la capitale d'une république, à-peu-près grande comme la trentième partie de la France, et c'est à cette république, à cette contrée appellée *Toscane*, que nous devons la renaissance des arts et des sciences, que la superstition et le despotisme avoient fait disparoître de la surface de l'Europe. Cette cité (1), digne de

____

(1) Combien un étranger est agréablement surpris, en arrivant à Florence un jour de fête, dans la belle saison ; s'il entend chanter, soit dans les églises, dans les maisons, ou sur les voies publiques, ce sont toujours des accords, et le plus souvent très-harmonieux : il ne voit pas une goutte d'eau dans les rues, que celle qu'on y a jettée pour les arroser : il trouve les portes, les murailles des édifices publics et des maisons des particuliers, nétoyées et frottées ; les rues jonchées de fleurs et de feuilles odoriférantes : toutes

notre admiration, regardoit la propreté des rues comme un objet de la plus grande conséquence; elle pensoit que c'auroit été un reste de barbarie, de laisser entourer de boue et d'ordure, dans les carrefours et sur les places publiques, les chef-d'œuvres des arts, qui faisoient l'ornement et la gloire de leur patrie (1).

---

les voitures, même celles des rouliers et des cultivateurs, peintes en différentes couleurs; les paysannes, qui viennent en foule à ces fêtes, sont habillées si galamment, qu'on les prendroit pour des bergères de théâtre, si on ne voyoit leurs phisionomies de vestales.

Dans ce pays, où depuis plus de trente ans, on n'a condamné personne à la mort, on ne voit pas une femme publique; cependant le beau sexe y est moins insulté qu'en France; et l'on n'y trouve pas de ces sybarites, comme on en rencontre si souvent à Paris, qui vous soutiennent, d'un ton affirmatif, qu'il est bon que des femmes se prostituent au public, pourvu que les leurs ne soient pas de la partie!

Quoique ce soit hors de mon sujet, je ne peux m'empêcher de dire ici, quoique je sais qu'on accuse les Florentins d'un vice qui répugne à la nature. Je suis resté long-temps en Italie, je n'ai pas vu que les Toscans eussent ce vice moins en horreur, que ceux qui le leur reprochent; mais ce dont je me suis convaincu dans mes petits voyages, c'est que les nations sont babillardes comme les hommes, et que plusieurs voyageurs ressemblent à cet anglais qui, étant logé à Venise, dans une hôtellerie où la maîtresse et ses filles avoient les cheveux roux, écrit sur ses tablettes que les femmes du pays étoient toutes rousses.

(1) Rien ne révolte plus un ami des arts, que de voir entasser des voitures auprès des beaux monumens, des belles

C'est pour cette raison, jointe à tant d'autres, que les Florentins s'appliquèrent à rendre leurs villes propres, et un des principaux moyens qu'ils employèrent pour y parvenir, fut de construire des canaux couverts dans toutes les rues, où les eaux des pluies et des maisons vont aboutir par des rigoles couvertes de même ; les eaux n'entrent dans ces canaux que par des grilles ou pierres percées, pour exclure les immondices. Beaucoup de villes en Italie et dans d'autres pays, même en France, suivent ce système, et sont, par cette raison, plus propres que les autres (1). Les personnes un peu instruites savent que l'ancienne Rome étoit toute voûtée ; ces conduits existent encore aujourd'hui (2). Outre ce grand moyen de

---

statues publiques : de voir un vieux satyre se débrailler devant le buste de Minerve ou d'une vestale, et faire, par ses ordures, jaunir un beau piédestal de marbre blanc.

(1) Dans plusieurs villes, ainsi qu'à Nanci, il y a, à des distances très-rapprochées, des ouvertures pour recevoir les eaux. Les personnes de ces endroits sont très-étonnées de la malpropreté de Paris, et de ce que les eaux sales, ainsi que celles des pluies, viennent par des contours, depuis le milieu de la rue des Bourdonnois, se jetter dans l'égout Montmartre, et toutes celles de la grande rue Saint-Denis, qui commence non loin de la Seine, dans celui de la rue du Ponceau, qui est près de la porte Saint-Martin ; c'est-à-dire, après avoir parcouru la moitié de la ville.

(2) Ces conduits existent encore aujourd'hui. Par ce moyen, on faisoit passer les immondices dans le Tibre, mais on se

propreté , les Florentins s'appliquèrent à bien paver leurs rues : ce n'est pas par la manière grossière dont on se sert ici qu'ils y parvinrent; ils mirent un fond de cailloutage avec du ciment; ils taillèrent et posèrent leurs pavés de manière, qu'étant parfaitement joints, ils ne laissent à la terre aucun espace pour y séjourner (1).

En proposant ces moyens, je vois déjà une foule d'hommes à vue courte, qui s'écrient: *cela est impossible, cela impossible ; il faudroit repaver toutes les rues, les cours, les allées des maisons ; cela est impossible.*

En vain ils voyent sous leurs yeux et dans l'histoire, des changemens bien plus extraordinaires; tout ce qui est grand leur paroît impraticable, jusqu'à ce qu'il soit exécuté; et voulant être toujours les premiers hommes de l'univers,

---

gardoit bien d'en boire es eaux; on en faisoit venir de très-salubres de fort loin, par de superbes aqueducs, dont il reste encore la majeure partie; et il falloit que la propreté fût en grande vénération à Rome, puisqu'il y eut un Empereur qui fit remplir de boue la robe d'un magistrat, parce qu'il n'avoit pas eu soin de faire nétoyer les rues.

(1) Les paveurs de Florence, ayant fini leur ouvrage, ont soin de le nétoyer : à Paris, c'est tout le contraire ; lorsqu'on a pavé les rues, on les couvre de sable ; je laisse à penser quelle boue cela occasionne, et combien il en coûte pour l'enlever.

lorsque la chose est faite, ils disent : *cela n'étoit plus facile.*

Ces patrons des vieux abus ne manqueront pas de dire que, sous l'ancien régime, Paris étoit plus propre; mais on peut leur répondre, que sa propreté passée ne valoit guères mieux que sa malpropreté présente; que Paris est connu, depuis longue date, pour une ville de boue; que son ancien nom de *Lutetia,* vouloit dire *ville de boue;* que sous l'ancien régime, dont on vante la propreté, le célèbre Rousseau, en quittant Paris, lui disoit : *Adieu, ville de boue;* et cette boue étoit si renommée, que dans l'Europe, on donna au gris-foncé le nom de *boue-de-Paris.*

Et en effet, comment veut-on que Paris ait été propre, en suivant le système adopté jusqu'à ce jour?

En vain on fera des ordonnances sévères, en vain cinquante cloches sonneront pour avertir le public de nétoyer; en vain trente mille balais seront employés dans le même temps; un moment après, tous les ruisseaux regorgeront d'eaux bourbeuses; les chevaux viendront battre ces eaux, saliront le pavé, les murailles, et ce sera le travail de Pénélope.

Car, comment empêcher, pendant vingt-quatre heures, que les habitans d'une grande ville ne se débarrassent de ce qui est sujet à se corrompre, chez eux?

Comment obtenir des bouchers, des traiteurs,

des teinturiers, et généralement de tous ceux dont le métier donne beaucoup de liquides sales; comment obtenir, dis-je, qu'ils s'en débarrassent, autrement que par les conduits de leurs maisons, qui communiquent aux rues? Or, demander que Paris soit propre, et vouloir suivre le même système, c'est demander l'impossible; obliger les particuliers de balayer, de nétoyer la voie publique dans la ville, n'est guères plus juste que de contraindre les agriculteurs à réparer les grands chemins, et l'amende qu'on imposoit aux uns sous l'ancien régime, ressembloit assez aux coups de bâtons qu'on donnoit aux autres dans plusieurs provinces.

D'ailleurs, forcer les particuliers à nétoyer la voie publique, c'est souvent obliger le pauvre, qui n'occupe qu'un très-petit local, à perdre son temps pour cent voisins, qui en occupent de plus grands; et pour vingt mille passans, et pour une quantité prodigieuse de voitures, dont les roues et les chevaux l'éclabousseront, lui, sa muraille, sa porte et son ouvrage. Ainsi, pour peu qu'on réfléchisse, on verra qu'il faut un autre système de nétoyement.

On a cru obvier à tous ces inconvéniens, en obligeant les particuliers qui font bâtir, de faire construire des trotoirs devant leurs maisons; mais on doit avoir vu déjà que ce moyen n'atteint pas le but. La rue nommée *cour Mandar* en est un exemple bien palpable : les architectes eu auroient pu faire un modèle de propreté, en faisant couler toutes les eaux sales sous terre jusqu'à l'égoût Montmartre, qui n'en est qu'à deux pas ; mais au contraire, en suivant le système usité, ils en ont fait un petit cloaque ; et malgré ses trotoirs qui règnent d'un bout à l'autre, elle n'en est pas plus propre.

D'ailleurs, il est essentiel d'observer que, dans plusieurs endroits, ces trotoirs sont de vrais casse-cous, sur-tout lorsqu'il gèle ; et quelque précaution qu'on prenne, il est difficile de ne pas tomber.

L'on peut donc regarder les pentes qu'on a été obligé d'y pratiquer comme autant de piéges, pour faire trébucher les passans.

Enfin, j'ai démontré, je crois, qu'il est impossible d'avoir la propreté nécessaire dans cette ville, si l'on persiste dans le système actuel ; il me reste à indiquer les moyens dont il faut se servir pour éviter ces inconvéniens, et démontrer que sa propreté pourroit être une économie.

CHAPITRE III.

A JUGER d'un tout par la plus grande partie, avouons que notre espèce est bien sale.... N'apprécions pas les animaux par les qualités de ceux que

que nous tenons dans l'esclavage ; mais convenons que la majeure partie de ceux que nous n'avons pas asservis, sont bien plus propres que nous...... L'oiseau se garde bien de faire ses ordures dans son habitation et de salir la branche sur laquelle il chante ses amours ; l'abeille.... le castor..... quelle leçon!.... combien l'homme diffère... souvent, à côté de sa porte, est un cloaque ; derrière sa porte, un cloaque, et ceux qui ont trouvé l'art de perfectionner la construction de son habitation, regardent encore comme une propreté, l'usage de concentrer sous son nez, pendant plusieurs années, une matière corrompue, qui l'infecte dans moins de vingt-quatre heures, eût-il l'odorat le plus grossier.

Si j'avois, comme les Etats-Unis de l'Amérique, une ville à faire construire à neuf, je parlerois des moyens dont il faudroit se servir pour l'exempter de cette peste, et je les crois faciles ; mais sans porter notre vue si loin, voyons si nous en pourrions trouver pour rendre Paris moins sale (1).

____

(1) Ce n'est pas seulement dans les maisons des particuliers qu'on est infecté par des matières corrompues, il en est de même dans les édifices publics ; il semble que la barbarie se moque des chef-d'œuvres de l'art, en les entourant d'ordures. Le Palais de justice, le Louvre, les Tuileries, le Muséum, jusqu'à l'Opéra, où l'on va chercher tout ce qui peut charmer les sens, ou est poursuivi par la mauvaise

Cette mal-propreté, dont chacun se plaint tant; quelle en est la cause? est-ce un reste de barbarie? ou a-t-on voulu, dans le physique comme dans le moral, réunir tous les extrêmes?

Il est étonnant que Paris, qui, depuis plus d'un siècle, est le centre des sciences, des arts, des modes et du goût, soit aussi le centre de la puanteur.

On a fait, à différentes époques, beaucoup de projets, présenté de vastes plans; les greffes des administrations fourmillent d'ordonnances sur cet objet; pourquoi jusqu'à ce jour, a-t-on si peu réussi? C'est que, joint à ce que toutes les circonstances n'y ont pas été favorables, on a manqué de lumières, et on a manqué de lumières parce qu'on n'a voulu qu'à demi; et qui ne veut qu'à demi, sort du sommeil, se lève et retombe endormi.

Mais on me dira : vouloir ôter la mal-propreté de Paris, *est une chose trop difficile, c'est*

---

odeur et l'infection des cabinets d'aisance, qui est pire que celle de la mauvaise huile qu'on y brûle. Dans le palais, ci-devant Royal, on ne sait, en été, où se reposer, sans y respirer l'odeur de l'urine croupie, les arbres qui en sont perpétuellement arrosés y périssent presque tous; et les marchands qui habitent ce centre du commerce, s'accoutument assez à la malpropreté, pour n'être pas étonnés d'en voir un qui a placé son dépôt et sa boutique de tabac, tout juste au-dessus des cabinets d'aisance publics, les plus fréquentés de cet endroit.

un projet immense, il en coûteroit trop de peine, trop de soins et d'argent (1). Ne vous semble-t-il pas entendre un homme à qui on dit : balayez votre maison, ôtez la vermine, les ordures qui rongent vos meubles ; répondre que cela donneroit trop d'embarras, et que les balais sont trop chers.

Je conviens que c'est un grand projet que de

____

(1) Une chose qui, malheureusement, n'est que trop ordinaire, c'est que plusieurs administrateurs, ainsi que les entrepreneurs, lorsqu'il s'agit de faire le bien public, trouvent la chose trop difficile. Demandez-leur s'ils ont trouvé la même difficulté pour faire leur bien particulier : leur fortune vous répondra du contraire, et tel entrepreneur qui trouve impossible d'enlever avec exactitude les boues de Paris, trouve des moyens très-faciles de gagner des millions comme Chéradam ; et la dépense d'un dîner, chez tel administrateur, auroit suffi pour payer, pendant un mois, quinze sentinelles, qui, en se promenant, la nuit, sur nos boulevarts, auroient empêché les dégâts que les voleurs y ont commis, en arrachant presque toutes les grilles et barreaux de fer : ce qui a dégoûté plusieurs particuliers d'embellir les devants de leurs maisons par de petits jardins, et les a contraints de les abandonner à des marchands peu fortunés, dont la plupart, au lieu de fleurs, nous font sentir l'odeur de leur soupe ; en sorte que, si la police n'y met ordre, bientôt les boulevarts, au lieu d'une promenade agréable, ne nous présenteront plus que des sellettes de décrotteurs, de petits cloaques, et une file de barraques, dont la plupart, en obstruant la voie publique, et étalant des chiffons, des sabots et de la vieille féraille, nous donneront la perspective d'une mauvaise foire de village.

vouloir ôter la mal-propreté de Paris ; mais ne doit-on pas calculer aussi l'avantage qui en pourroit résulter, et si ce ne seroit pas même une économie ? Pour moi, après y avoir mûrement réfléchi, je suis pour l'affirmative. Si tous les gens qui ont le sens droit, l'odorat sain, pensent de même, pourquoi ne pourroit-on pas espérer de voir mettre en exécution le plan qui paroîtra le meilleur pour atteindre ce but. —

Je crois déjà savoir le moyen de faire l'essai de celui que je propose, sans qu'il en coûte rien. Il y a dans Paris plusieurs terreins destinés pour y établir des rues : l'on commence à bâtir sur les uns et l'on ne tardera pas à employer les autres ; au lieu de prescrire aux particuliers d'établir des trotoirs, qu'on les oblige à faire des petits canaux couverts ; l'un ne coûtera pas plus que l'autre.

On voit que la base sur laquelle j'appuie mon système, c'est de faire écouler toutes les eaux par des canaux couverts ; l'administration doit être chargée de ceux qui règnent le long des rues, pour aller joindre les égoûts, et les particuliers, de ceux de leurs allées, cours et devants de maisons.

Cela posé, je dis, qu'ayant besoin de faire paver les rues à neuf, il n'y aura qu'à les faire paver comme celles de Florence : la dépense sera plus grande ; mais l'ouvrage étant plus solide, durera davantage, et il en résultera une économie.

Nos pavés ne sont pas aussi grands que ceux dont on use dans la Toscane ; mais ils sont plus réguliers, et par conséquent plus jolis ; taillons-les mieux qu'on n'a fait jusqu'à ce jour, afin qu'ils soient parfaitément rapprochés : cela seul sera un grand moyen de rendre les rues propres ; mais il ne suffit pas. Chacun seroit bien aise, je pense, de ne pas voir contre les murs , de l'urine croupie, des ordures, qui, par un laps de temps, quelquefois très-court, infectent, dégradent et ruinent tout, sans respecter même les plus beaux monumens (1). Il faut donc, dans ces nouvelles rues, choisir les endroits les plus convenables pour y placer des lieux d'aisance, non pas de ces commodités publiques , où va celui qui ne craint pas de dépenser, tandis que celui qui ne le peut, va à côté ; en sorte que, si le particu-lier fait mettre sur sa porte, *commodités publiques,* l'administration de police devroit faire mettre à côté, *cloaque public,* puisque c'est de son consentement tacite, que chacun peut y aller faire ses besoins (2) : aussi n'est-ce pas là ce dont

---

(1) Dans la majeure partie des rues de Paris, on voit non - seulement les murailles, mais les portes des maisons dégradées par l'urine.

(2) Dans l'angle d'une voûte du Châtelet et dans plusieurs endroits de la ville, on voit écrit sur les murs, en gros carac-tères ; *Défense de faire ici aucune ordure, sous peine de punition corporelle.* Il faut que le public ait pris l'inverse

B 3

je veux parler;) mais des cabinets d'aisance véri-
tablement publics, tenus proprement, où chaque
sexe puisse aller séparément et sans payer, en
se conformant, bien entendu, aux loix de propreté et de décence, qu'on ne doit pas manquer
d'y établir.

Ces établissemens paroîtront gigantesques à
quelques-unes de ces têtes, qui, sans s'en douter,
ont encore un peu de rouille de barbarie : ils
sont et ont été cependant en usage de tous temps
chez les Orientaux, d'où nous sont venus presque tous nos arts et nos sciences ; et les anciens
Romains ne firent que les imiter (1).

---

de cette prohibition croyant qu'il y avoit : *on est invité à faire
ici ses ordures, sous peine*, etc. La police de Versailles, crai-
gnant que les ci-devant nobles ne voulussent joindre à leurs
autres priviléges, celui de faire des ordures contre le palais du
roi, fit mettre le long des grandes et petites écuries : *Défense
à toute personne, de quelle qualité et condition qu'elle
soit, de faire ici des ordures, sous peine de prison.* Mais
les personnes de toute qualité et condition, ne trouvant pas des
commodités à leur portée, prirent aussi l'inverse de cette
défense, et formèrent, le long de ces deux ailes de bâtimens,
des cloaques, dont la perspective et l'odeur font un singulier
contraste avec l'orangerie et les autres merveilles qu'on voit
dans le château.

(1) On ne trouve point dans les écrits ni dans les bâtimens qui nous sont restés des anciens, qu'ils eussent dans
leurs maisons des fosses à privés, telles que nous en avons
aujourd'hui : non-seulement les latrines publiques étoient en

Mais on me dira, qui aura soin de maintenir la propreté de ces endroits ? je répondrai que ce doit être des personnes de l'un et de l'autre sexe, payées par l'administration et chargées aussi de maintenir la propreté des rues.

Cette propreté doit être entretenue avec la plus grande exactitude, et on s'appercevra bientôt que ce sera une économie. La première rue qu'on aura construite ainsi, sera comme la colombe envoyée après le déluge, pour voir si on peut marcher sur un terrein ferme.

On pensera sans doute, que si je trouve injuste de forcer les particuliers à balayer, à nétoyer la voie publique, je trouverois encore plus injuste, plus ridicule, qu'ils eussent le droit de la salir, de la dégrader, d'y jetter des ordures et y déposer des décombres.

Mais, me dira-t-on encore, si on ne peut ni déposer, ni jetter les immondices dans les rues, que faut-il donc qu'on en fasse ? car enfin faut-il bien en faire quelque chose. Eh quoi! vous avez eu tant d'hommes célèbres dans votre sein ; vous avez inventé, perfectionné tant d'arts ; vous mettez au concours l'embellissement de vos places ;

---

grand nombre à Rome, mais de plus, on en avoit en divers endroits pour les besoins urgens : on les nommoit très-bien *Sterquilinia* ; elles étoient garnies d'éponges, ainsi que nous l'apprenons de *Suétone*, dans ses épîtres.

vous faites venir, à grands frais, des tableaux, des statues du bout de l'Europe, pour attirer l'admiration des étrangers, et vous ne savez pas débarrasser vos maisons de vos immondices, sans en infecter, sans en encombrer vos rues! c'est bien ici le cas de dire : ho! *que les gens d'esprit sont bétes !* sera-t-il besoin, comme aux juifs, d'un commandement exprès de Dieu pour vous l'enseigner? Il me semble pourtant que, sans une inspiration divine, il est facile de le concevoir.

Qu'est-ce qui produit cette grande quantité de boue dont les Parisiens sont éclaboussés depuis tant de siècles, et qui fait si souvent fuir les étrangers, attirés par tant d'autres motifs dans notre capitale (1)? Est-ce la grande quantité de voitures, ainsi qu'on l'a dit tant de fois? Non, car les fers des chevaux et des roues battent la boue, mais ne l'engendrent pas; où en est donc la cause? certes, ce n'est pas une énigme difficile à deviner.

Avant Philippe Auguste, Paris n'étoit pas pavé; depuis cette époque, la boue est produite par la terre, le sable qu'on laisse entre les pavés,

---

(1) Si je ne craignois d'être diffus, je rapporterois le contenu d'une lettre qu'un Ferrarois écrivoit à son ami : on verroit combien la mal-propreté de notre capitale fait souvent fuir les étrangers.

les ordures, les immondices, qu'on jette, qu'on dépose et qu'on laisse si mal-à-propos séjourner dans les rues; par les eaux croupies, par les voitures mêmes qui sont employées à enlever ces immondices, et qui les éparpillent de tous côtés, ainsi que chacun en est journellement témoin; elle est produite aussi par la fiente des chevaux et des autres animaux, qu'on n'ôte pas dès l'instant qu'elle paroît, parce qu'on ne charge personne de ce travail.

On donne des sommes considérables pour l'enlèvement des boues, des immondices (1); mais ces boues, ces immondices, dont il nous faut faire tant de frais pour être débarrassés, sont-elles utiles? peuvent-elles servir d'engrais pour amender les terres? pouvons-nous enfin être

______

(1) Avant la révolution, l'enlèvement des boues coûtoit, par an, 280,000 liv. Depuis la passation du marché, le reculement des barrières a accru la superficie de Paris d'environ un cinquième; un autre marché a été passé en avril 1793, vieux style, moyennant 613,000 liv.; et le nouveau passé à Trouillet, le 21 germinal dernier, monte à 666,000 liv. Il est vrai, dit Langlois, qui est initié dans ces entreprises; il est vrai, dit-il, dans le journal de Paris, du 13 vendémiaire dernier, que l'entrepreneur général a de grands bénéfices sur l'enlèvement, qu'il fait faire à ses sous-entrepreneurs; il faut aussi mettre en ligne de compte 122,204 liv. que coûtent quatre cent cinquante hommes employés à nétoyer les places, les marchés, etc.; ce qui fait, en tout, 788,204 liv. par an, sans compter les frais de régie.

certains qu'elles sont nécessaires? Pour peu qu'on connoisse l'agriculture ou qu'on consulte les cultivateurs qui viennent, dans le printemps, enlever celles qu'on a déposées sur le boulevart, dans le temps des glaces, on n'aura aucun doute sur leur utilité. Eh bien donc, si ces matières sont si utiles, pourquoi payons-nous si cher pour qu'on nous les enlève? Ne ressemblerions-nous pas un peu à ces Espagnols qui, dans ce siècle même, payoient presque des gascons, afin qu'ils eussent la bonté de (1) les débarrasser de la matière dont on fait la filozelle, matière dont on tire aujourd'hui un grand avantage en France? Un fait dont je connois la notoriété, aide à me le faire croire. Les jardiniers des environs de Nîmes vouloient bien enlever de la ville toutes les matières dont ils pouvoient faire des engrais; mais ils refusoient d'enlever les pierres; il en résultoit souvent des disputes très-sérieuses : un particulier nommé Loche, les fit cesser en donnant quarante mille

---

(1) Environ le milieu de ce siècle, des gascons passèrent en Espagne où ils savoient qu'on jettoit au fumier la matière dont on fait la filozelle. Afin d'y être mieux reçus, plusieurs d'entr'eux se firent passer pour des juifs, dont toute la sollicitude ne tendoit qu'à se faire instruire dans la religion catholique. On les reçut avec empressement; ils se laissèrent rebaptiser, furent comblés de présens, et eux en partant, pour marquer leur gratitude, eurent grand soin de débarrasser leurs bienfaiteurs de la matière dont nous parlons, et s'enrichirent.

livres par an à la commune, s'engageant à ôter les décombres, pour avoir le droit exclusif d'enlever les immondices des rues. Nismes n'est pas la seule ville où l'on paye pour avoir ces matières (1); cela nous doit faire penser, qu'on peut tirer de celles de Paris un parti bien plus avantageux qu'on ne l'a fait jusqu'à ce jour. Si on vient à être d'accord sur ce principe, on verra facilement les conséquences qu'on en peut tirer. La base de la propreté de Paris, c'est de faire écouler tous les liquides par des canaux couverts.

Cela étant ainsi, il ne restera donc que les matières sèches, lesquelles sont composées principalement de deux espèces; celle qui peut servir d'engrais, et l'autre d'une moindre valeur, mais dont on peut tirer encore quelqu'avantage :

____

(1) Dans plusieurs villes, on paye pour avoir la matière fécale; à Paris, c'est tout le contraire; on ne se contente pas seulement de faire payer les propriétaires des maisons, mais on met à contribution les locataires qui, bénignement, donnent une gratification, pour avoir été, les nuits précédentes, infectés cent fois plus qu'à l'ordinaire. Cependant les vuidangeurs ont déjà trouvé l'art de réduire en poudre cette matière, et de la vendre fort cher aux cultivateurs. Ils peuvent dire avec raison, comme le charretier *des Ombres chinoises*, nous emportons l'argent et la marchandise. A Florence, non-seulement on la vend, mais encore on tire un lucre de toutes les balayures; il y a des personnes qui, après les avoir amalgamées, les font fermenter et les vendent. A Rome, on faisoit un commerce considérable de la fiente d'oiseau.

je veux dire les bouteilles et verres cassés, os , etc.

Or, pour se débarrasser proprement, promptement et plus fructueusement de ces matières, il faut, et on peut le dire et le faire comprendre, sans se dire inspiré de Dieu; il faut des caisses dans les rues et dans toutes les maisons , les unes soignées par la police, et les autres par les particuliers. En faisant couler les eaux sous terre et tenant les matières sèches dans des caisses ou paniers à l'abri de la pluie, je laisse à penser combien de poids de moins on auroit à transporter hors de la ville (1).

Mais je vois ces têtes lourdes qui vont dire encore : Oh ! quel usage, quelle mode inconnue ! *cela est impossible ; cela est impossible !* Ne vous semble-t-il pas entendre ces moines de

____

(1) A Lyon, on a des caisses à chaque étage des maisons, où l'on entrepose les balayures; les paysans des environs viennent, régulièrement toutes les semaines, les enlever, et on ne soupçonne pas qu'il puisse y avoir des badauds dans Paris, qui croyent que cet usage est impraticable.

Un temps viendra qui, peut-être n'est pas éloigné, où l'on sentira le ridicule de payer, dans des temps où il y a une pénurie extraordinaire dans les finances, 788,204 liv. par an, pour l'enlèvement d'une matière dont la majeure partie pourroit être enlevée gratis par les agriculteurs qui en ont besoin. On connoîtra aussi qu'il étoit possible d'épargner, en grande partie, les frais et monopole de régie.

Cluny, qui, invités de venir à Paris, à la fin du dixième siècle, s'en excusèrent sur l'impossibilité d'entreprendre un si long voyage dans un pays étranger et inconnu (1).

Qui doute que du temps de Moïse, il ne se trouvât pas de ces esprits lourds, qui ne raisonnassent comme ceux d'aujourd'hui et ne trouvassent que c'étoit une chose étrange et ridicule que celle que leur prescrivit leur législateur, pour qu'ils fussent moins sales? Et qui sait, si les personnes qui vont trouver impossible l'usage d'avoir des caisses pour recevoir les balayures et les immondices, au lieu de les laisser éparpillées, obstruer et infecter les rues; qui sait, dis-je, si dans quelque temps on n'aura pas d'elles la même idée que nous avons aujourd'hui des esprits lourds du temps de Moïse?

En attendant, ne donnons pas notre suffrage pour les mettre à la tête de la république, et faisons observer à ceux qui la gouvernent, qu'on juge souvent de l'ordre moral par l'ordre physique.

---

(1) Voyez l'*Abrégé chronologique de l'Histoire de France*, par Hénault, à l'année 992. « Croiroit-on, dit-il, qu'il y eut si peu de communication entre les provinces de France, qu'un abbé de Cluny, invité par Bouchard, comte de Paris, d'amener des religieux à Saint-Maur-les-Fossés, s'excuse de faire un si long voyage dans un pays étranger et inconnu ?

CHAPITRE IV et dernier.

ON pourroit citer une foule d'exemples, qui prouvent combien les hommes ont adopté facilement les idées les plus extravagantes, tandis qu'ils se sont presque toujours cabrés contre les entreprises les plus utiles.

Tous les charlatans, jusqu'à l'auteur, directeur du soi-disant Gymnase de bienfaisance universelle, qui a fait une fortune considérable, en promettant des poêles de gaze ; tous les charlatans, dis-je, ont facilement attiré la foule et fait des prosélites (1).

Mais lorsque Philippe Auguste obligea les Parisiens de paver leurs rues, afin de ne plus marcher sur des échasses, ou dans la boue jusqu'à mi-jambes, les habitans de sa bonne ville murmurèrent hautement contre lui.

Riquet avoit à peine proposé la communication de deux mers par un canal dans le Languedoc, qu'on lui dit qu'il étoit fou.

Grognard avoit fait la moitié de son bassin de

____

(1) Un poëte disoit dernièrement :

Tout songe creux est philosophe,
Et nous avons Monsieur Gaston
Qui fait de l'or, et qui nous chauffe
Avec des poëles de carton.

Toulon, dans lequel on peut construire un vais-
seau de cent-vingt pièces de canon, à sec, dans
la mer, qu'on se moquoit encore de lui, en assu-
rant qu'il ne réussiroit pas. Galiléo, Arnolphe de
Cambio, Vasco de Gama, Christophe Colomb et
tant d'autres génies eurent le même sort (1).

Ces vérités sont souvent cause que ceux qui
pourroient être utiles par leurs lumières, se re-

---

(1) Galilée, pour avoir fait les découvertes les plus utiles,
les plus belles de son siècle, fut condamné, à l'âge de soixante-
dix ans, à être emprisonné et à réciter les sept pseaumes péni-
tentiaux pendant trois ans.

Lorsqu'Arnolphe de Cambio, dit Lapo, donna son plan
du dôme de Florence; de ce dôme, sans lequel Michel
Ange n'auroit pas fait celui de Saint-Pierre de Rome, on
assura que l'exécution en étoit impossible; en vain il fit voir
à ses censeurs, qu'il savoit faire tenir un œuf droit sur une
table de marbre, quoiqu'ils eussent trouvé la chose impossible ; en vain il fit commencer le plus bel édifice de son
temps, la majeure partie de ses contemporains ne lui
prodigua des éloges qu'après sa mort.

Vasco de Gama, qui le premier doubla le cap de Bonne-
Espérance, ouvrit un nouveau chemin de l'Asie, de la fortune et de la gloire à ses concitoyens, fut traité d'insensé;
et lorsqu'il s'embarquoit pour l'expédition qui a le plus illustré
sa patrie, ses amis le pleurèrent comme s'ils l'avoient vu des-
cendre dans le tombeau. Christophe Colomb n'en fut pas quitte
à si bon marché : après avoir été long-temps rebuté des
grands, il fut insulté et faillit être précipité dans la mer par
ses compagnons de voyage, qu'il conduisoit à la découverte
d'un nouveau monde et à la fortune.

butent, dans la crainte de travailler pour des
ingrats; ils ne veulent pas s'exposer à soutenir
le choc de ces hommes pleins de présomption
et d'ignorance, qui, ayant à peine réfléchi un
instant sur ce qui a fait l'objet de vos méditations
depuis longues années, vous soutiennent d'un ton
affirmatif que vous avez tort, et qu'ils ont raison
sans aucun doute.

Ainsi, proposez tout ce qui peut être le plus
avantageux à l'espèce humaine, vous aurez
vos antagonistes; j'espère que j'aurai aussi les
miens; mais dût-on me faire l'honneur de me
prendre pour fou, je n'aurai pas au moins à
me reprocher d'avoir vu qu'il étoit très-possible
de rendre Paris infiniment plus propre, sans
l'avoir publié.

Revenons donc à la rue qui nous doit servir
de modèle. Ceux qui m'ont lu avec un peu d'attention, comprennent facilement que cette rue sera
d'une propreté peu commune dans Paris.

Mais, dira-t-on, pour jouir de cet avantage,
faut-il attendre des siècles, tandis que la boue et
les mauvaises odeurs nous infectent journellement?

Certes, un peu de patience; je ne suis pas
aussi expéditif que l'auteur du Gymnase, dont
j'ai parlé ci-devant, qui assuroit qu'avec une
voiture, à laquelle il attacheroit une machine de
son invention, qui auroit *la rapidité de la foudre,*
il arroseroit, balayeroit et enleveroit tout d'un
temps,

temps, les immondices de la ville, et dans vingt-quatre heures, rendroit les rues de Paris aussi propres que les mains d'une petite-maitresse.

Je ne suis pas si habile; cependant si l'on veut, nous pourrons bientôt jouir, dans une partie de la ville, de la propreté qui fait l'objet de mes recherches.

Il y a plusieurs quartiers, plusieurs rues dans Paris, qui semblent destinés à donner le premier exemple; telles sont les rues Cérutti, Pinon, Saint-Georges et Pelletier, dans la section du Mont-Blanc, et tant d'autres dans différens endroits de la ville. La pente, la p. oximité des égoûts, l'intérêt des propriétaires qui, sans doute, seroient bien aise d'avoir leurs maisons dans les rues les plus propres et les plus salubres de la ville, tout y favorise l'établissement de ma nouvelle méthode.

On suit l'exemple, la lumière se propage, et bientôt chacun voudroit jouir des mêmes avantages (1).

On pourroit alors faire revivre plusieurs ordonnances de police, qui étoient très-nécessaires, et en faire de nouvelles; les personnes qu'on auroit placées, comme j'ai dit, pour maintenir la propreté, aideroient à les faire exécuter.

Il faudroit payer un grand nombre de per-

______

(1) Je sais bien qu'on dira que Paris est trop grand; mais l'homme éclairé sait que dans les grandes villes sont les grands moyens.

sonnes; mais on donne déjà 666,000 liv. par an, et de plus l'on emploie et l'on paye beaucoup de bras, pour enlever et balayer de l'eau et de la boue, dont on seroit exempt suivant mon système; d'ailleurs, le gouvernement fait déjà une bonne partie des frais; on distribue journellement des aumônes à un grand nombre de pauvres valides, qui assurent n'être dans l'indigence que parce qu'ils sont privés de travail; or, le gouvernement n'auroit qu'à augmenter sa munificence envers eux, et les obliger en même-temps à travailler; ce seroit un des moyens qu'il faudroit employer pour extirper la mendicité, contre laquelle les amis de l'ordre se récrient depuis si long-temps; par-là, on mettroit à l'épreuve la probité des indigens, dont une partie demande et craint de trouver de l'ouvrage. Ce seroit encore un moyen d'améliorer le sort des infirmes, des enfans et des vieillards, envers qui chacun tourneroit plus volontiers sa bienfaisance, voyant qu'elle est mieux appliquée; et les départemens auroient moins de reproches à faire au gouvernement, de ce qu'il dépense beaucoup pour des oisifs (1).

---

(1) On n'a pas une idée des sommes que le gouvernement a dépensées pour les indigens de Paris, et pour ceux qui distribuent ces aumônes. Dans le courant de prairial dernier, il en coûtoit neuf millions en mandats par demi-décade; le mandat valoit alors 10 à 12 pour cent. Aussi les indigens ont reflué dans Paris, tandis que les campagnes ont manqué de bras.

de qui, en reconnoissance, il ne reçoit pas toujours des bénédictions.

Il seroit donc facile de trouver des moyens pour la dépense, sans que personne eût à se plaindre, si ce n'est les médecins et les chiffonniers. Mais ce qui me paroît le plus difficile, c'est de trouver dans ceux qui aiment à gouverner la république, des hommes assez éclairés, assez désintéressés pour vouloir prendre la peine de peser toutes les raisons pour et contre, sur cet objet , et mettre ma théorie en pratique , au moins dans quelques rues de la ville, afin de faire un essai sur une particule du local de Paris, comme j'en fais un sur le papier ; il en coûtera moins, à proportion, à la nation, pour faire celui-là, qu'il ne m'en coûte à moi pour faire celui-ci. Quoi qu'il en soit, dussai-je perdre mon temps, mon encre et mon papier, je dirai, que la propreté de cette capitale est plus nécessaire, plus essentielle et plus facile qu'on ne l'a cru jusqu'à ce jour ; et je dis qu'un des moyens dont il faudroit se servir pour la nétoyer, seroit de faire écouler toutes les eaux sous terre (1), d'avoir

____

(1) On a souvent proposé de faire venir l'eau dans tous les quartiers de Paris : ces eaux bien dirigées, après avoir servi les particuliers, pourroient nétoyer les canaux dont j'ai parlé ; il seroit aussi très-nécessaire d'avoir des goutières à toutes les maisons, dont les conduits descendroient jusqu'à terre. Cet usage serviroit singulièrement au nétoiement des rues ; et dans le temps des pluies, l'eau des toîts incommoderoit moins les passans.

des caisses pour entreposer toutes les matières sèches, et des personnes pour maintenir la propreté et la police sur cet objet.

Qu'on ne vienne pas encore m'alléguer que tout cela est impossible, parce que les Parisiens sont naturellement sales. Je doute qu'ils le soient plus que les Auvergnats, les Limousins et les autres Français; mais ce dont je suis certain, c'est que souvent l'homme qui n'a pas le courage de sortir du vice, bénit à jamais la main du législateur qui le force à pratiquer la vertu.

Certaines personnes, dont les vues et l'odorat ne sont peut-être pas les mêmes que les miens, ont allégué que si on faisoit couler les eaux sales dans des canaux couverts, elles rendroient plus de mauvaises odeurs; à les entendre, il faudroit découvrir tous les égoûts de la ville pour la rendre plus propre et l'air plus salubre; d'autres m'ont objecté, qu'après les grandes gelées, il seroit difficile et même impossible de dégorger ces canaux. Eh quoi! les hommes ont trouvé l'art de creuser, miner et faire sauter les rochers au fond de la mer même, et l'on ne trouveroit pas des outils et une manière facile, pour dégager les canaux des glaces qu'ils pourroient contenir, dans les hivers dont le froid est extraordinaire! Pour moi, je crois la chose très-aisée; à Nancy, à Dijon, on a à-peu-près le même degré de froid qu'à Paris, et ces difficultés n'embarrassent personne.

On m'objecte aussi, qu'un pavé trop uni peut
être dangereux pour les hommes et les chevaux.
Contradicteurs éternels, vous ne savez donc pas
qu'on pique un pavé trop uni, ainsi qu'on en
use dans plusieurs villes, où l'on a autant de soin
qu'à Paris des hommes et des chevaux.

Enfin, en réfléchissant sur les époques de notre
histoire, je crois que nous sommes arrrivés à
celle qui nous doit faire appercevoir que la mal-
propreté de nos rues ne peut plus câdrer avec
nos jolies maisons, nos places qu'on veut embellir, nos établissemens publics qu'on veut rendre
dignes d'admiration, l'élégance de nos femmes
dont on peut tirer une grande utilité pour le
commerce des modes : tout nous rend la propreté de la ville plus nécessaire que jamais.

Il y auroit un réglement de police à faire sur
ces divers détails ; il importe que cette partie
attire, enfin, toute l'attention qu'elle mérite ; cette
police, bien exécutée, influeroit nécessairement
sur toute la France ; nos villes qui imitent la
capitale en tout, jusques dans les souliers pointus
qui estropient, et les perruques qui défigurent,
imiteroient bientôt ce bel ordre, ce soin de la
salubrité ; elles apprendroient, ainsi qu'un de nos
représentans a dit dernièrement, « à profiter des
» immondices qu'elles laissoient perdre : elles en
» prépareroient de nouveaux engrais pour l'agri-
» culture, en employant utilement des mains

» qui ne s'ouvroient tristement que pour men-
» dier. »

Dans ses projets d'embellissemens, le gouvernement reconnoîtra qu'il avoit besoin de prendre
la propreté pour base, car il est aussi ridicule
d'embellir une ville sans la nétoyer, que de placer
des meubles somptueux dans un appartement,
sans en ôter les arraignées et la poussière.

De cette propreté résulteroit mille avantages;
il n'est pas douteux qu'il y auroit moins de mala-
dies, parce que les odeurs fétides influent singulièrement sur la santé (1).

Je laisse aux hommes, qui, par rapport à la
boue, sont obligés d'aller en bottes la majeure
partie de l'année; je leur laisse, dis-je, le soin
de calculer l'économie qu'on pourroit faire sur
la chaussure; et aux femmes, à qui le plaisir de
montrer une jambe élégante n'a pas empêché

---

(1) Dans une grande partie de Paris, les odeurs fétides font
flétrir les fleurs et même leurs tiges; il est constant aussi qu'elles
fanent le teint de nos jeunes beautés; et que sait-on si ce
n'est pas une des causes qui leur a fait adopter la mode
ridicule de se colorer la physionomie, pour imiter l'incarnat
des nymphes qui habitent les campagnes. On me dira qu'on
voit dans la campagne des gens qui ont mauvaise couleur;
si on a fait les mêmes observations que moi, on a dû voir,
que ces mauvaises couleurs proviennent ordinairement de la
grande misère, de la proximité des eaux stagnantes, ou du
mauvais usage qu'ont plusieurs agriculteurs, d'entretenir trop
près de leurs habitations, des cloaques et des fumiers dont
ils sont continuellement infectés.

de sentir tout le désagrément qu'il y a d'être souvent obligées de marcher sur l'ordure ; je laisse à ces femmes, dis-je, le soin d'évaluer ce qu'on pourroit épargner en blanchissage et en voitures.

J'invite les membres de notre institut des sciences, dont les recherches tendent à l'avantage, à la gloire de la nation, à examiner s'ils ne doivent pas concourir par leurs idées, à trouver des moyens de rendre Paris plus propre avant d'en faire un port de mer ; c'est-à-dire, avant que sa population s'accroisse, ce qui augmenteroit sa mal-propreté, si on ne se hâte d'y remédier (1).

---

(1) Si ce foible essai parvient jusqu'à la connoissance de quelque membre de notre institut national , je l'invite de réfléchir sur ce que dit Poivre, intendant des isles Bourbon, au sujet de l'agriculture de la Chine.

« Les Chinois, dit-il, dans son *Voyage d'un philosophe*, » pag. 112, emploient les mêmes engrais que nous, pour » rendre à leurs terres les sels et les sucs qu'une produc- » tion continuelle leur enlève sans cesse. Ils connoissent les » marnes, se servent du sel commun, de la chaux, des cendres, » du fumier de tous les animaux quelconques, et préférablement » à tout autre, de celui que nous jettons dans nos rivières (*) ;

(*) *Il y a peu d'années, qu'à Lyon d'où étoit Poivre, et dans d'autres villes de France, on jettoit la matière fécale dans la rivière ; aujourd'hui on commence à s'en servir ; un peu plus de lumière en fera connoître toute l'utilité, et on l'achetera.*

Je prie les citoyens qui desirent de parcourir la carrière de la magistrature, de ne pas dédaigner la propreté de notre capitale, et de songer qu'Epaminondas fut trouvé digne d'occuper les premiers emplois de la république, parce qu'il avoit introduit une grande propreté dans les rues de Thèbes.

» ils se servent des urines qui sont ménagées avec soin dans
» toutes les maisons, dont elles font un revenu ; en un mot,
» tout ce qui est sorti de la terre, y est rapporté avec la
» plus grande exactitude, sous quelque forme que la nature
» ou l'art l'ait converti. »

Un membre de l'institut national, instruit de ces vérités, plein de talent, de génie et sur-tout de bonne volonté, pourroit facilement trouver des moyens et faire des essais pour améliorer notre agriculture, en rendant nos villes infiniment plus propres.

Il pourroit faire observer à la police, combien le voisinage des grands dépôts d'immondices est incommode et pernicieux ; combien il est peu raisonnable d'en faire dans les villes, ainsi qu'on en use à Paris.

De l'Imprim. de CORDIER, rue Favart, N°. 422.

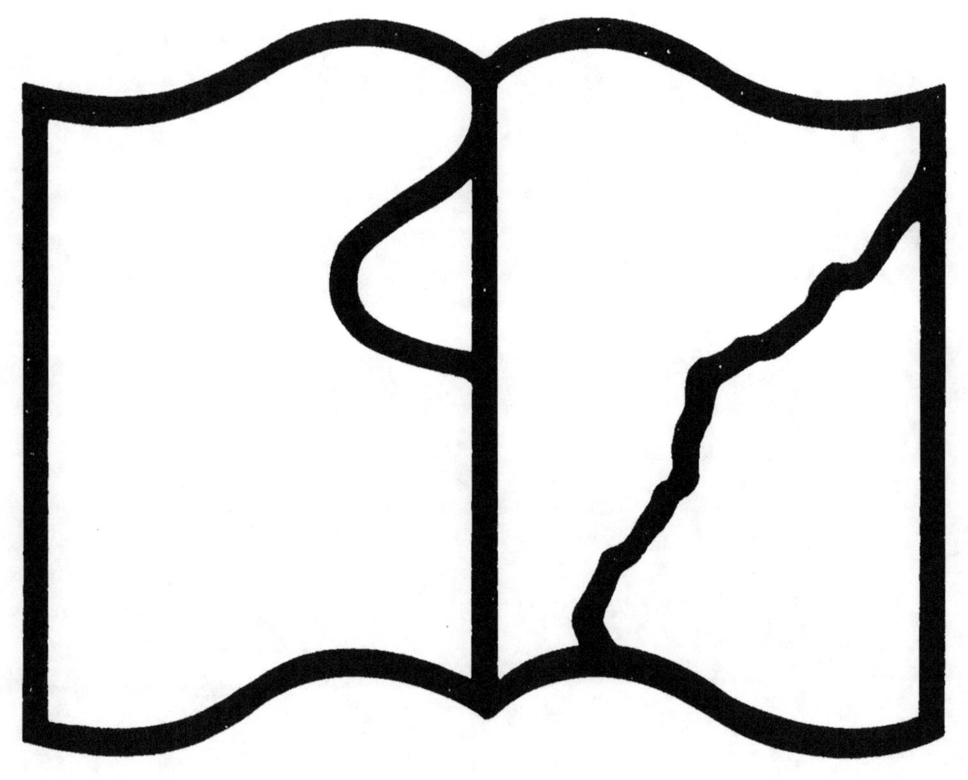

Texte détérioré — reliure défectueuse

NF Z 43-120-11

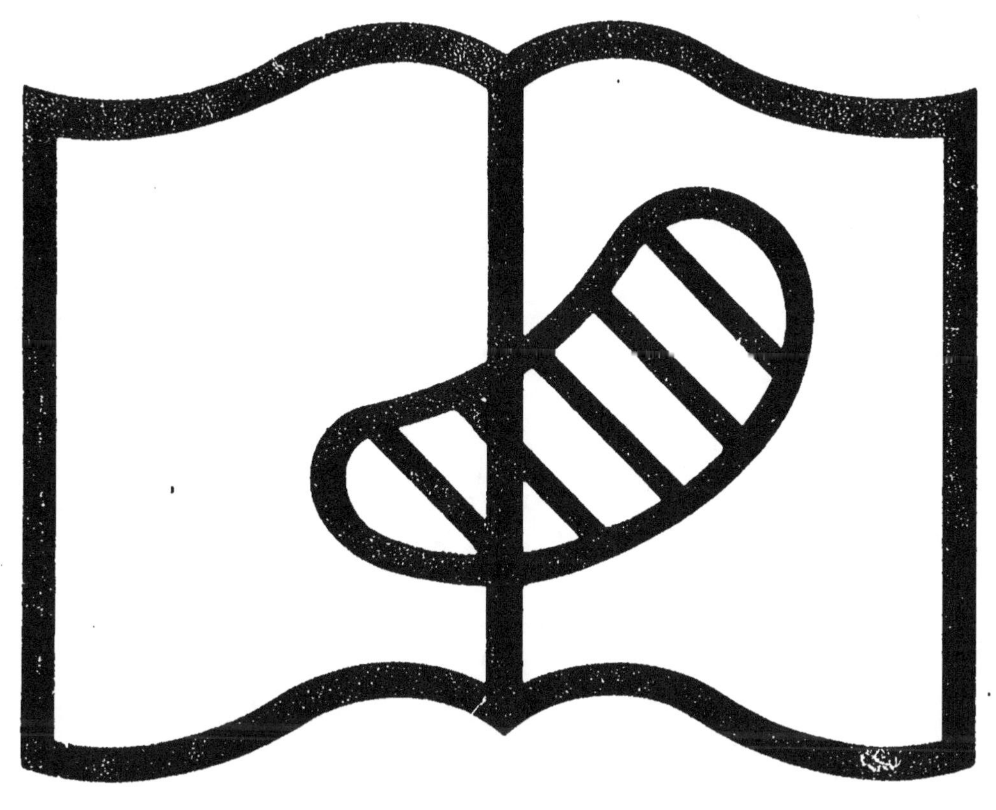

Original illisible

NF Z 43-120-10